RELIGIONES DEL MUNDO

JULIEN RIES

Lo humano y lo divino en el
hinduismo

NEREA

Título original: *L'uomo e il divino nell' Induismo*

International Copyright © 2006
by Editoriale Jaca Book spa, Milano
All rights reserved

© De la edición castellana:
Editorial Nerea, S. A., 2008
Aldamar, 36, bajo
20003 Donostia-San Sebastián
Tel. (34) 943 432 227
Fax (34) 943 433 379
nerea@nerea.net
www.nerea.net

© De la traducción del italiano:
Ariadna Viñas, 2008

Imagen de cubierta: © Colección M. y Mme.
John D. Rockefeller III, Asia Society, Nueva York
Detalle: © shutterstock

ISBN colección: 978-84-96431-28-7
ISBN volumen: 978-84-96431-37-9

Diseño de cubierta y maquetación:
Eurosíntesis Global, S. L.

Impreso en Italia

ÍNDICE

Página anterior: vacas regresando a los establos acompañadas de personajes mitológicos. Al fondo, una ciudad. El conjunto expresa paz y bienestar. Pintura de 1750 de la escuela de Kishangarh conservada en el Museo Nacional de Delhi (la India).

Templo de Lingaraja en Bhubaneswar, en el estado de Orissa (la India). Las construcciones de base cuadrada y llenas de líneas dejan paso a «cojines» redondos terminados en punta. Se pasa de la multiplicidad a la unidad. El peregrino alza la mirada hasta alcanzar un único punto indivisible. Templo dedicado al dios Shiva, representado en la forma de las construcciones.

INTRODUCCIÓN

El hinduismo es la religión de la gran mayoría de los habitantes de la India. Para entenderla hay que remontarse al pensamiento y las concepciones culturales de los arios, los invasores indoeuropeos que se establecieron en los valles del Indo y del Ganges a partir del segundo milenio antes de nuestra era. Pero es aún más importante tener en cuenta que este pensamiento védico se fue transformando y diversificando a lo largo de los siglos por el contacto con las culturas prevédicas, presentes en la India mucho antes de la llegada de los conquistadores arios. Este es el punto de partida de nuestro estudio.

En cualquier caso, las investigaciones indias revelan que el hinduismo se basa en algunos elementos estables. El Veda, por ejemplo, transmitido oralmente antes de que fuera recogido por escrito, ha proporcionado muchas de las nociones básicas utilizadas para estructurar el pensamiento religioso y social a lo largo de los siglos: la idea de un orden cósmico (*dharma*) que comprende el universo, el hombre y la vida, y cuya armonía impide el caos, la noción de un tiempo cíclico que conlleva un retorno perpetuo, un sistema de castas que irá multiplicándose y dará forma a un auténtico tejido social, y una concepción de las etapas de la vida y de las técnicas de liberación del espíritu (yoga) heredadas probablemente de la época prevédica.

El vedismo ignoraba los templos y las imágenes de las divinidades. Sin embargo, influido por factores pendientes de establecer con claridad, el hinduismo vivió a principios de nuestra era un gran cambio impulsado por un nuevo movimiento devocional, la *bhakti*. El sacrificio dejó paso a algo completamente nuevo: la ofrenda *(pūjā)* y la oración delante de efigies y estatuas de dioses levantadas en los templos por los fieles. Los devotos acuden a la divinidad elegida y le muestran su amor y devoción como si se tratase de una relación personal. Es el gran momento de dioses de la *bhakti* como Viṣṇu (Vishnú) y Kṛṣṇa (Krishna). El movimiento pietista, surgido al calor de una devoción de gran intensidad, evolucionará a lo largo de los siglos dando lugar a numerosas sectas y grupos religiosos hasta llegar a nuestra época. Carente de cualquier autoridad doctrinal, esta religión capaz de innovar dentro del respeto y la conservación de las doctrinas antiguas asiste actualmente a la aparición de numerosos fundadores y reformadores hindúes.

1
EL HINDUISMO MODERNO

En la India y el Sureste asiático viven 700 millones de hindúes, a los que hay que sumar varios millones más, dispersos por el mundo. Representan el 82% de la población de la India. El hindú no se hace, nace. La sociedad hindú sigue viviendo su propia herencia cultural, social y religiosa

Una mujer rezando en su casa en Geyzing, al oeste de la región india de Sikkim.

de cuatro mil años de antigüedad regulada por el *dharma* eterno, el orden universal del que forma parte el ser humano.

La *pūjā*, el rito de adoración, ofrenda y culto a los dioses que sustituyó los sacrificios védicos, se celebra todos los días en casas y templos. La variedad y abundancia de estos últimos es impresionante: en honor a Shiva, sobre todo en el norte de la India, dedicados a Vishnú en el sur, con una exuberante mitología y grandes *gopura* ('torres') sobre las cuatro puertas de entrada, y en honor a diferentes divinidades según las regiones. Hay pequeños templetes por todas partes, colgados de árboles y paredes, y minúsculas capillas diseminadas por las calles de las ciudades. Y es que la India es la tierra de lo sagrado por excelencia.

Todos los días, mañana y tarde, largas filas de fieles acuden a los templos para depositar flores y ofrendas ante las estatuas de las divinidades. Los peregrinos surcan las calles y confluyen en dirección a los miles de santuarios y lugares sagrados. Durante las fiestas, decenas de fieles llevan en procesión la estatua del dios sobre monumentales carros decorados y engalanados con flores. Rezos, letanías, himnos, música y alegría caracterizan la ceremonia.

Estos fieles viven bajo el símbolo permanente de la purificación. Los cursos de

1. Hindú postrado en el camino del río sagrado Mahanadi durante la fiesta del Sol en Siliguri (Uttar Pradesh, la India).
2. Hindú nepalí rezando en un templo dedicado a Shiva en Geysing, al oeste de la región india de Sikkim.
3. Estación de Allahabad, enero de 2001. Llegada de peregrinos para el Kumbha Melā, *el peregrinaje a la confluencia de los tres ríos sagrados de la India.*

2

3▷

1. *El gran impulso al hinduismo contemporáneo y su capacidad
para liberar a los hombres siguiendo el camino de la no violencia
fue obra de Gandhi, el padre de la independencia de la India
después de la Segunda Guerra Mundial.*
2. *Imagen de Ramakrishna, considerado el refundador
del hinduismo contemporáneo.*
3. *Un sacerdote sosteniendo el fuego sagrado durante el baño
de peregrinos en la fiesta de* Kumbha, *que se celebra cada
doce años en Hardwar (Garhwal, la India).*

1

2

agua, los lagos y los ríos son sagrados. En Benarés, al amanecer, la muchedumbre se sumerge en las aguas sagradas del Ganges mientras en la orilla empiezan las cremaciones de cadáveres, cuyas cenizas arrojan al río. La vaca es el símbolo de la Madre Tierra, nodriza de la Humanidad, y es sagrada.

Discípulo de Ramakrishna, Vivekananda (1862-1902) fundó la misión hindú, una orden religiosa de *swami,* jefes de comunidades con la función de enseñar la doctrina y organizar la solidaridad, convirtiendo así el hinduismo en misionero, con un aspecto religioso y otro social.

Gandhi (1869-1948) buscó la libertad total de la India basándose en dos principios: abrazar la verdad *(satyāgraha)* y la no violencia *(ahiṃsā).* Defendió los derechos de las castas inferiores y consiguió la independencia de la India.

12

3

4. *Autobús recogiendo peregrinos camino de Gaumukh, conocido como* Boca de la vaca, *donde se encuentran las fuentes del Ganges, en el monte Gangotri del Himalaya, a 3.861 metros de altitud. Región de Garhwal (Uttar Pradesh, la India).*

4

13

2
LA RELIGIÓN PREVÉDICA

En el año 1922 se descubrió, primero en el valle del Indo y después en Pakistán y otros lugares de la India (300 yacimientos hasta ahora), una importante cultura de la Edad de Bronce desarrollada entre los años 2500 y 1700 a. C. Se la conoce como cultura prevédica o de Mohenjo-Daro o Harappa, nombre de los dos yacimientos arqueológicos más importantes. Sabemos por las excavaciones de Mundigak y Mehrgarh que esta civilización urbana estuvo precedida por una civilización agrícola neolítica, cuyos orígenes se remontan al año 7000 a. C. Pese a disponer de 3.500

1. El famoso sello de esteatita procedente de Mohenjo-Daro, con la imagen de la diosa con tocado y múltiples brazaletes entre las ramas de un árbol sagrado. Delante de ella hay un personaje arrodillado en señal de respeto y ofrenda, seguido de un gran bóvido con cabeza humana y, más abajo, una procesión de siete figuras femeninas. Se trata de una escena ritual muy antigua.
2. Busto de piedra del año 2500 a. C., conocido como la efigie del rey sacerdote *por la compostura y dignidad que expresa. Cultura del Indo, actualmente en el Museo Nacional de Karachi (Pakistán).*

1   2▷

14

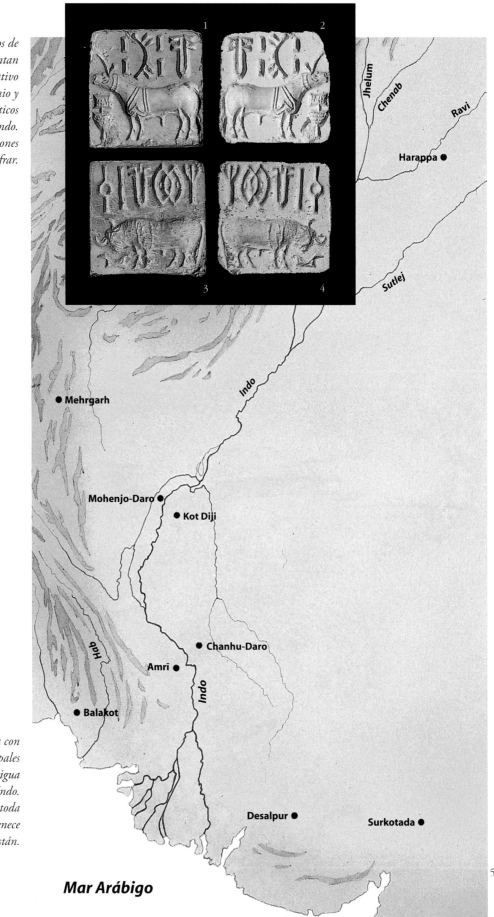

1. 2. 3. 4. Sellos de piedra que representan el positivo y el negativo de un unicornio y un toro, animales míticos de la cultura del Indo. Se trata de inscripciones todavía sin descifrar.

5. Mapa con los principales centros de la antigua cultura del Indo. Actualmente casi toda la zona pertenece a Pakistán.

Jhelum

Chenab

Ravi

Harappa ●

Sutlej

Indo

● Mehrgarh

Mohenjo-Daro ●

● Kot Diji

Hab

● Chanhu-Daro

Amrī ●

Indo

● Balakot

Desalpur ●

Surkotada ●

16

Mar Arábigo

inscripciones, los especialistas no han conseguido todavía descifrar la escritura, si bien resultan claras las numerosas relaciones entre la India y Mesopotamia.

Existe importante documentación religiosa: numerosas estatuillas, sobre todo femeninas, y centenares de sellos. Estos últimos servían para autentificar objetos, indicar su propietario o ponerlos bajo la protección de la divinidad. Muchos sellos muestran un dios con un tocado de cuernos, triple rostro y sentado en el trono a la manera de los *yogin* (yoguis), con algunos animales volviéndose hacia él. Los expertos han coincidido en afirmar que se trata de un prototipo del dios Shiva, señor de las bestias y principio del yoga.

La abundancia de estatuillas femeninas permite hablar de la Gran Diosa. En un sello encontrado en Mohenjo-Daro aparece representada entre dos ramas de la higuera sagrada de linfa roja, el *pīpa*, que sigue siendo símbolo de la maternidad. La acompañan siete mujeres jóvenes y lleva una corona sobre la cabeza. Se trata de la Diosa Madre, ya representada en Mesopotamia en el VI milenio a. C. Todo ello hace pensar en una sociedad matriarcal orientada hacia la vida.

Entre otros detalles de la documentación cabe destacar la importancia del arte animalista, la familiaridad de los animales con las divinidades, la importancia del árbol sagrado y la presencia en Harappa de un cementerio en que se han hallado diferentes objetos en las tumbas, testimonio de la creencia en una existencia ultraterrena.

6. Ídolo femenino de la antigua cultura del Indo. Estatuilla de terracota encontrada en la ciudad de Harappa y conservada en el Museo Guimet de París.

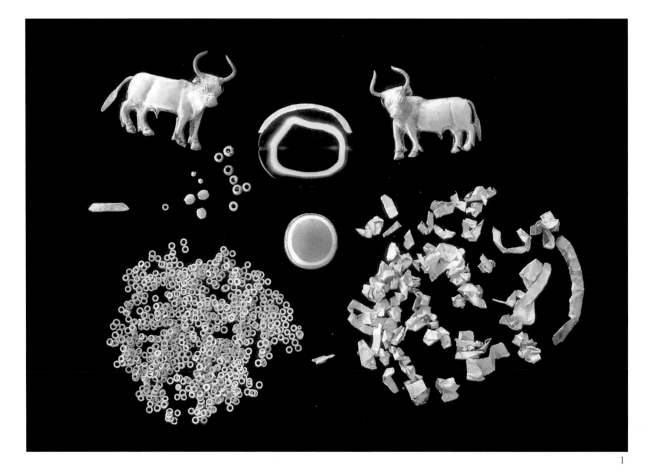

1

1. *Tesoro de Quetta. Importante descubrimiento arqueológico de la cultura del Indo (III milenio a. C.). Cabe destacar los dos toros de oro, animales asociados a los orígenes de la Humanidad y a la fertilidad.*
2. 3. *Pequeños animales de terracota (III milenio a. C.) conservados junto a muchos otros en el Museo Príncipe de Gales de Bombay.*
4. *En el templo indonesio de Prambanan (isla de Java) dedicado a Shiva encontramos esta gran escultura de Ganesha, el hijo de Shiva con cabeza de elefante. De vientre prominente, es símbolo de prosperidad y seguridad para quienes se encomiendan a él con devoción.*

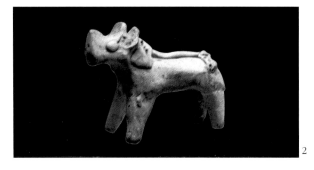

2

3

18

3
DIFUSIÓN DEL HINDUISMO

4

1. *A partir del I milenio antes de Cristo, las poblaciones que hoy denominamos indoeuropeas, procedentes de territorios al Norte del Mar Negro, penetraron en el valle del Indo y en el alto valle del Ganges (área roja en el mapa), donde se asentaron de manera estable trayendo consigo una nueva cultura.*
Los recién llegados, portadores del pensamiento védico, se mezclaron con las poblaciones locales y formaron el núcleo de la cultura y la religión hinduista.

Srinagar •

Indo

Mar Arábigo

Sri Lanka

**Océano
Índico**

1

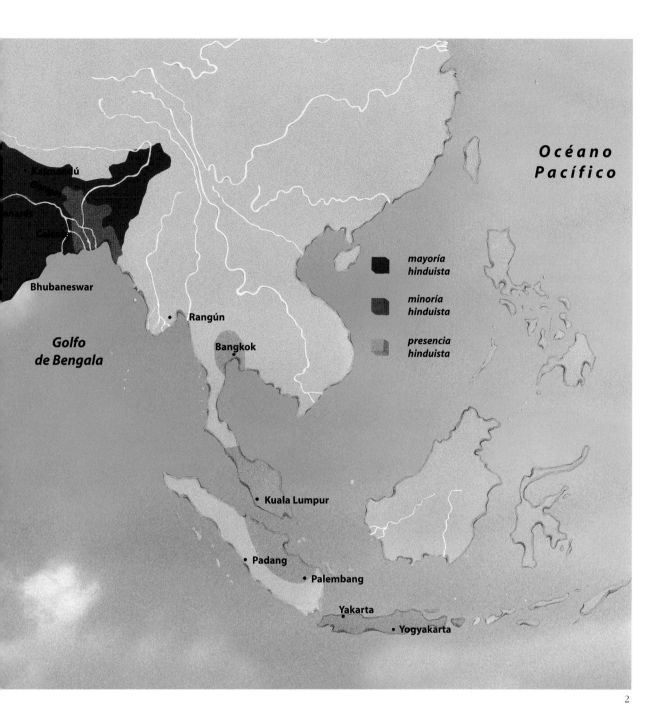

Océano
Pacífico

Katmandú

Bhubaneswar

**Golfo
de Bengala**

● Rangún

Bangkok

■ *mayoría
hinduista*

■ *minoría
hinduista*

□ *presencia
hinduista*

● Kuala Lumpur

● Padang

● Palembang

Yakarta

● Yogyakarta

2

2. El hinduismo está presente sobre todo en la INDIA *—que ha sido su cuna—,
donde lo profesan 650 millones de personas, es decir, el 82% de la población (año 1982).
Otros países con minorías hinduistas son la* GUYANA *y la* ISLA MAURICIO: *2% de la población;* BHUTÁN,
BANGLADESH, SRI LANKA: *10%;* PAKISTÁN, BIRMANIA, MALASIA, INDONESIA, REPÚBLICA SUDAFRICANA,
SEYCHELLES *y la* GUAYANA FRANCESA: *1-2%. También hay pequeños grupos hinduistas en el* REINO UNIDO *y
en los* PAÍSES BAJOS *(fuente: Joanne O'Brien y Martin Palmer,* Atlas des Religions dans le Monde, *Londres,
Myriad, 1994; París, Autrement, 1994;* Le Monde au Présent II, *Encyclopaedia Universalis, París, 1994).*

1. La isla de Elefanta, en el Océano Índico, frente a Bombay,
considerada por los occidentales como la puerta de la India,
conserva uno de los templos rupestres dedicados al dios Shiva más importantes.
2. Entrada a una de las salas excavadas en la roca y sostenida
por columnas del templo del dios Shiva, en la isla de Elefanta.
3. Bajorrelieve del parapeto del templo dedicado a Shiva en Parmbanan (Indonesia).
El parapeto narra la epopeya de Rama, el *Rāmāyana*. Aquí puede verse (panel 10)
la coronación de Barata, el hermano de Rama, en el trono de Ayodhya.
Barata está sentado mientras un brahmán se dispone a verterle agua sobre
la cabeza y el cuerpo. Es equivalente a la unción del rey en Occidente.
Los brahmanes recitan fórmulas y las bailarinas representan la guerra.
4. El hinduismo se expandió desde la India hacia el Este, primero a Sri Lanka
y después al Sudeste asiático hasta Indonesia. Entre los siglos VIII y IX d. C.
se desarrolló un importante reino hindú en la Isla de Java.
En la imagen se ven los restos del gran templo de Prambanan,
la famosa capital del reino.

3

1

4

2

4
EL VEDA, VENERACIÓN Y CULTO A LOS DIOSES

Hacia el año 1900 a. C., los arios procedentes de Asia central y del Cáucaso penetraron en la India por la cuenca del Indo y del Ganges y avanzaron lentamente con sus rebaños. Son los portadores de una tradición oral, un conocimiento, el Veda, y una ley eterna, *sanātana dhar*, recogidas por escrito hacia el año 1800 a. C., cuando ocuparon toda la India. Carecemos de restos arqueológicos de este período.

El Veda comprende los textos religiosos arios de la India más antiguos y está formado por cuatro libros. El *RGVEDA* se compone de

ATHARVAVEDA   *SĀMAVEDA*

YAJURVEDA

RGVEDA

1. *Las cuatro grandes recopilaciones de escritos sobre los que se basa la tradición hindú representadas como frutos de un árbol de la sabiduría:* Rgveda, Yajurveda, Sāmaveda *y* Atharvaveda.

1

2

2. *Vista del Indo al sur de la antigua ciudad de Mohenjo-Daro. El Indo modifica lentamente su curso durante las crecidas, trazando sus anchos meandros.*

3. *Vista del Ganges en época antigua, con la llegada del hinduismo. Los indoeuropeos que alcanzaron sus orillas se convirtieron en pastores y agricultores y usaron el río como vía de transporte, a la vez que empezaron a venerarlo como lugar de purificación.*

1.017 himnos en honor de los 33 dioses a los que los fieles veneran e invitan al banquete del sacrificio, y a los que piden protección, felicidad y salvación. El *SAMAVEDA* es una recopilación de melodías y cánticos utilizados durante la celebración de los cultos. El *YAJURVEDA*, ritual sacerdotal, recoge las ceremonias, especialmente los sacrificios estacionales para los trabajos agrícolas y la cosechas. El *ATHARVAVEDA*, el Veda de las fórmulas mágicas, contiene hechizos y elementos del culto popular, así como un conjunto de reflexiones más tardías.

5. *Krishna danzando sobre Kaliya. Escultura de bronce de los siglos X y XI (Colección M. y Mme. John D. Rockefeller III, Asia Society, Nueva York). Krishna es la expresión más popular de Vishnú. Aquí danza con la serpiente-demonio Kaliya, una cobra de varias cabezas, a la que domina.*

Al igual que la sociedad de los arios, el mundo de los dioses está dividido según tres funciones. Los dioses soberanos, Mitra-varuna, son los dioses de lo sagrado, del cosmos, de la norma universal *(rta),* los garantes del orden cósmico. Indra y sus Marut, la segunda función, son los dioses de la guerra, de la conquista, exterminadores de los adversarios. En la tercera función encontramos a los Ashvin o Nasatya, jóvenes dioses que recorren el cielo todos los días y que son indispensables para la fecundidad. Agni es el dios del fuego, potencia divina y mensajero de los dioses, y a él estan dedicados 200 himnos. La ofrenda por excelencia se denomina *soma,* un licor divino símbolo de la vida. Toda la religión consiste en prácticas orientadas al culto y al utilitarismo en las que los dioses están al servicio de los hombres. Apenas hay espacio para las divinidades femeninas. El Veda es una religión masculina.

1. *Agni es el dios del fuego y una de las principales divinidades hindúes. Se caracteriza por la corona de llamas que lleva sobre la cabeza.*
2. *Varuna es el dios creador del universo y los textos védicos lo describen como el dios del cielo y de la tierra. Actualmente se lo venera como dios del agua.*
3. *Indra es el dios del trueno y de la lluvia. Trae el agua y la vida, aunque también se lo ha venerado como dios de los rayos y de la guerra.*
4. *El dios Shiva, aquí reproducido en un busto de bronce del siglo VIII, es para sus fieles el dios supremo.*

5
LOS *BRĀHMAṆA:*
LA SALVACIÓN
A TRAVÉS DEL
SACRIFICIO

Hacia el año 800 a. C., los arios se vuelven sedentarios y surgen cuatro clases sociales *(varṇa).* Los brahmanes, la clase dominante, detentan el monopolio del Veda, de lo sagrado y del culto. Los *kṣatriya*, nobles y guerreros, dirigen la sociedad. Los *vaiśya*, agricultores y artesanos, producen las riquezas, mientras que los *śūdra*, siervos no arios, están excluidos del ritual védico.

2

2. Los indoeuropeos establecidos en la India se dividen en cuatro clases sociales denominadas varṇa. *Los BRAHMANES (b) son los sacerdotes, los que mantienen la relación con el mundo sagrado en nombre de toda la comunidad. Custodian el Veda y se ocupan de transmitirlo y conservarlo. Los KṢATRIYA (a) ostentan el poder militar, son guerreros y se reúnen en grupos liderados por un* rāja *o monarca, que aquí vemos sentado en el trono. Los VAIŚYA (c) gozan del poder económico, pues son quienes cultivan, crían y comercian. A cada clase se le atribuía un color, que era su distintivo característico; a los brahmanes les correspondía el blanco, a los kṣatriya el rojo, y a los vaiśya, el amarillo si eran mercaderes y el azul si eran agricultores. La última clase, compuesta por los no arios, era la de los ŚUDRA (d), los servidores.*

◁ 1

1. Shiva, señor de la danza, hacia 470, escultura de bronce. (Colección M. y Mme. John D. Rockefeller III, Asia Society, Nueva York). Shiva ejecuta la danza de la felicidad que renueva el universo y destruye lo viejo.

29

La ilustración muestra los tres fuegos
de los sacrificios. Abajo, el fuego del Sur,
que cumple la función de guardián.
A la izquierda, el fuego vigilado por el
señor de la casa, y a la derecha,
el fuego de las ofrendas con los sacerdotes.

Conscientes de su dignidad, los brahmanes escriben los comentarios y los tratados del Veda, textos sacrificiales denominados *Brāhmaṇa*. La creencia védica en los dioses evoluciona en una mística del sacrificio que se convierte en una especie de movimiento horario que regula la marcha del universo.

Brāhma-Prajāpati es un nuevo dios, Señor de las criaturas, un ser primordial cuya palabra es creadora *(vāc)*. Es el tiempo, el año y el sacrificio, la totalidad y la plenitud. En lugar de la fosa excavada, construyen un altar elevado donde ponen el fuego sagrado, Agni. Las cinco filas de ladrillos del altar equivalen a los cinco mundos, las cinco estaciones y los cinco puntos cardinales. El sacrificio con el fuego da lugar a la inmortalidad; de ahí la importancia del rito perfecto. Sobre el montón de leña se deposita una hoja de loto, símbolo de la tierra, después una lámina de oro, símbolo de la inmortalidad, y sobre la lámina de oro, una estatuilla de un hombre que representa a Prajāpati. Agni es el inmortal y los sacrificios otorgan la inmortalidad.

1. *Una mujer reza al dios del Sol y le ofrece flores en forma de guirnalda. Allahabad (la India), año 2001.*

2. *Ofrenda floral en pequeñas bandejas que después serán abandonadas en el Ganges.*

Cada vez que se hace un sacrificio se encienden tres fuegos: el *gārhapatya*, que es el fuego del jefe de la casa que ofrece el sacrificio, el ⁻*havanīya*, que es el fuego de las ofrendas que lleva los dones hasta los dioses, y el *dakṣiṇāgni*, el fuego del Sur, el que monta guardia. Es fundamental el conocimiento de los ritos y la confianza, *śrāddha*. Con el sacrificio el hombre nace por segunda vez. El tercer nacimiento tiene lugar con el fuego de la cremación.

El sacrificio es la base de las tres clases sociales de los arios, ya que su ideología se corresponder con su teología. Los miembros de las tres clases deben pasar por cuatro estadios diferentes: primero, discípulos de un gurú, después jefes de casa (*grhasthin*), a continuación se retiran con sus esposas para vivir en la selva (*vānaprasthin*) y, por último, apagan todos los fuegos y se convierten en los que renuncian (*saṃnyāsin*), los ermitaños.

Una procesión de mujeres dirigiéndose al templo en medio del bosque en una noche de luna llena, especialmente favorable para las ceremonias sagradas. Delante del templo hay un brahmán sentado, que hace de guardián y tiene la función de oficiar los ritos.

6
LOS *UPANIṢAD*

*Algo más lejos,
hay dos ascetas
sentados meditando
a la entrada de las
cuevas donde viven.
Más allá del bosque
se distingue el clásico
poblado junto a
la orilla de un río.*

Upa ni ṣad, 'sentarse al lado'. Todos los *Upa-niṣad* contienen una doctrina de iniciación transmitida por un gurú. Los primeros se escribieron entre los siglos VII y V a. C. Ofrecen conocimientos secretos sobre la naturaleza del sacrificio, sobre lo divino, el universo, la vida y la muerte y el camino de salvación a través de la gnosis (conocimiento interior).

Surgen nuevas doctrinas. Se habla del *brahman,* que es lo Absoluto en el nivel superior y lleva hasta un personaje divino, Brahma. *Ātman* es el principio eterno e inmortal que da vida al individuo. Según los *Upaniṣad*, el *ātman* tiene que liberarse del cuerpo para poder identificarse perfectamente con el *brahman,* y esto conduce al *mokṣa,* la salvación. *Saṃsāra* es lo contrario a *mokṣa* y supone el tránsito de una existencia a otra. El karma es una fuerza invencible que empuja al renacimiento para recoger el fruto de las acciones y sirve de base para la recompensa. La transmigración dura hasta que se agote la fuerza kármica.

El brahmanismo de los *Upaniṣad* insiste en una doble doctrina: por una parte, *brahman-ātman,* es decir, la salvación mediante la búsqueda de una identidad

1. Figura de un asceta.
2. Tres sadhu *o* yogin *durante un* Kumbha Melā *en Allahabad (la India).*

durante el éxtasis, y por otra, *karman-samsāra,* la influencia de las acciones en la cadena de las existencias y en la liberación y la salvación. El *ātman* hace del hombre un ser inmortal que debe alcanzar el *brahman* mientras experimenta el éxtasis. El hombre se libera de la carga de sus acciones y su vida futura depende de las elecciones que haga, puesto que las buenas acciones dan lugar a su salvación. Cada vez que el hombre actúa conforme al *dharma,* está transformando el mundo. Por eso los *Upaniṣad* desarrollan una ética de la responsabilidad. El éxtasis agota la potencia del karma, frena por tanto la transmigración y favorece la unión del *ātma* con el *brahman.* Y el hombre alcanza lo divino.

7
EL YOGA
Y SUS TÉCNICAS
DE SALVACIÓN

1. Sadhu (o yogui) sobre un carro durante una procesión.
2. Yogui mientras imparte sus enseñanzas.
(Ilustración de Jean Delahoutre.)

Yoga deriva de *yuj*, 'unir', 'juntar'. Las primeras huellas se remontan a la India prevédica; se practica en todas las enseñanzas y religiones del Veda, hasta el budismo y la India moderna. Sólo se aprende con la ayuda de un gurú que puede ser Iśvara, 'puro espíritu divino', el ideal del yogui y la *yoginī*.

El yoga se basa en la teoría del hombre formado por materia *(prakṛti)* y por un espíritu *(puruṣa)* unido a la materia, de la que, sin embargo, debe separase. Para ello

2

1. *Yogui en una postura característica.*
2. *Un maestro yogui enseñando a sus jóvenes alumnos a controlar la respiración, en el parque de una ciudad moderna. Todas las posturas y movimientos de yoga deben acompañarse de la respiración adecuada.*
3. Vishnú meditando. *Piedra. Siglo XI, Khajuraho. Museo Arqueológico de Khajuraho. La postura es precisamente la de alguien meditando, habitual en Buda o en Jina. Es menos frecuente en Vishnú, aquí representado como un yogui, controlando la respiración y con el cuerpo perfectamente equilibrado y apoyado en la base de la columna vertebral.*

1

es necesario un conocimiento profundo que expulse toda ignorancia, combinado con la práctica progresiva de la liberación.

Para empezar, el yogui debe vivir conforme a diez virtudes: respetar a todas las criaturas vivientes *(ahiṃsā)*, respetar la verdad *(satya)*, respetar la propiedad *(asteya)*, respetar la castidad *(brahmacarya)*, llevar una vida de pobreza, tener una moral pura, poseer fuerza de ánimo, no tener ambiciones personales, practicar el culto de una divinidad y estar sediento de cultura.

Las técnicas consisten en un entrenamiento complejo, físico, espiritual y moral al mismo tiempo, que incluye las disciplinas de la meditación, la concentración y la respiración. A lo largo de los siglos se han propuesto diferentes métodos para alcanzar la liberación, como el *karma-yoga* (mediante la acción gratuita sin esperar recompensas), el *bhakti-yoga* (mediante la adoración y el amor místico), el *haṭha-yoga* (muy conocido en Occidente, mediante el entrenamiento físico), el *mantra-yoga* (mediante la repetición de mantras y fórmulas) o el *jñāna-yoga* (mediante la gnosis o conocimiento superior).

El objetivo de estas técnicas es proporcionar al yogui un camino hacia la libertad, alejándolo de las comodidades de la vida diaria, de la vana pérdida de tiempo y de la dispersión de las fuerzas de su espíritu. El yogui se sirve de la disciplina y el ritmo de la respiración para dar forma a su conciencia y su pensamiento, y mediante la concentración elimina la multiplicidad y la fragmentación para llegar a la unidad. De este modo asciende a un nivel superior y alcanza la experiencia de la liberación en vida.

1. Vishnú Surya, el dios del Sol. Estatua en el templo de Konarak, Orissa (la India), dedicado precisamente al Sol de levante. 2. Poeta venerando a Vishnú. Miniatura de 1730. Museo de Chandigarh (la India). De nada valen las obras del hombre, ni las más pequeñas ni las más grandes, sin devoción.

8
LA *BHAKTI*,
LA RELIGIÓN DE LA DEVOCIÓN

Hacia el año 500 a. C., el devoto hindú empieza a encomendarse a su dios personal, convertido en un ser amado capaz de corresponder a su vez a ese amor. *Bhaj* significa 'compartir', y la nueva devoción recibe el nombre de *bahkti*. Se trata de una devoción ferviente y afectuosa en la que el creyente participa del amor del dios al que venera. El vedismo ignoraba los templos y las estatuas y el brahmanismo ofrecía sacrificios y *pūjā*. Ahora, en cambio, se construyen templos y la India se llena de imágenes

1

2

divinas. Las mujeres participan con entusiasmo en este fervor popular, pues desean ver el rostro de su dios y ofrecerle flores y frutos. Al superar el vedismo y el brahmanismo, la religión hindú asume un nuevo aspecto caracterizado por un fiel que ama a su dios y un dios que ama al devoto, el *bhakta*.

Vishnú se convierte en el dios supremo, *Bhagavān*, el Gracioso Señor que hace sus apariciones en el mundo cada vez que el orden *(dharma)* se ve amenazado. Se multiplican los templos en su honor, pues es el dios popular que mantiene el cosmos. Los mitos de sus diez avatares o manifestaciones en la Tierra constituyen, ya sea representados, contados, musicados o celebrados, el espacio litúrgico sagrado vishnuista. De vez en cuando Vishnú se convierte en pez para salvar a Manu, el primer hombre, del diluvio; en tortuga para crear la vaca; en enano, jabalí y hombre-león para luchar contra los demonios. Se convierte también en héroe para suplantar a los brahmanes, en Rama, después en Krishna, y por último en Buda, antes de convertirse en Kalki, el caballo blanco, cuando llegue el fin del mundo. Esta rica mitología celebra un dios cercano a los hombres y guardián del mundo.

Otro importante dios de la *bhakti* es Shiva, señor de la vida y de la muerte, creador del cosmos, que destruye y vuelve a crear. No hay que olvidar que la India cree en un tiempo cíclico. Shiva aparece representado con tres cabezas: la creación del cosmos, su mantenimiento y su destrucción. También tiene tres ojos, el tercero en la frente, al igual que sus discípulos. Es el

1. Estatua monumental del dios Shiva con tres cabezas, templo de la isla de Elefanta (la India). La cabeza central representa el aspecto creador del dios, la de la derecha, su aspecto protector y la de la izquierda, el aspecto destructor.

2. En Ellora, en el altiplano de Deccan (la India), existen numerosos templos rupestres. El más famoso es probablemente el de Kailasa, el monte o, mejor dicho, el paraíso de Shiva. No se trata de una construcción, sino de un templo excavado en la roca, esculpido y vaciado por dentro. El peregrino accede a un santuario cuadrado (del que puede verse el techo arriba a la izquierda), después a una sala desde la que se ve el techo en forma de flor de loto con cuatro leones y, por último, al imponente santuario principal (cuyo exterior se puede apreciar en la imagen).

1

2▶

1

1. *Habitación dedicada al* lïṅga *de Shiva en el santuario rupestre de la isla de Elefanta, cerca de Bombay.*

ojo del conocimiento. El culto de Shiva es un culto a la fecundidad procedente tal vez de Mohenjo-Daro. En un principio menos popular que Vishnú, el culto a Shiva ha crecido siglo tras siglo y actualmente las sectas sivaístas de la India son muy numerosas. Su culto consiste en la adoración del *lïṅga,* una piedra cilíndrica símbolo de la creación y la fecundidad.

9
LA *BHAGAVADGĪTĀ*, 'CANTO DEL SEÑOR'

La *Bhagavadgītā*, 'canto del Señor', es la «Biblia de la India», el libro más conocido de la literatura religiosa hindú, y consiste en un diálogo entre el dios Krishna y el fiel guerrero Arjuna. Pertenece al sexto libro del *Mahābhārata*, una de las grandes epopeyas de la Humanidad, y se considera un documento sagrado, ya que

2. Sobria miniatura de 1730 que representa el gozo del personaje mítico de Radha, seguido de una sierva, que encuentra al dios Krishna sentado en un bosquecillo. El amor por el dios es una experiencia que proporciona alegría aquí en la Tierra.

representa 'el Evangelio de Krishna', el tercer gran dios de la *bhakti,* que se revela como Señor supremo, *Bhagavān,* y dicta el comportamiento que debe asumir su fiel, el *bhakta* Arjuna.

La *Gītā* ordena y reorienta las doctrinas y la mística anteriores logrando una síntesis armoniosa. Conoce el primer camino de la salvación, la *karmamārga,* el camino de las acciones, pero se propone superarlo enseñando a través de Krishna la importancia de la acción realizada conforme al deber *(dharma),* sin esperar recompensa alguna. Habla del camino del *jñānamārga,* el cono-

cimiento anunciado en los *Upaniṣad,* pero lo transforma para conducir a los fieles hacia *Bhagavān,* ser divino superior al *Brahman.* Proclama como esencial el camino de la devoción y del amor, *bhaktimārga,* un camino en el que el ser se abandona al *Bhagavān* Krishna, dios personal. El hombre es libre de actuar, pero siempre en relación con Krishna, que es el creador del mundo y quien pondrá fin a su ciclo.

La revelación de la *Gītā* pertenece al ámbito mítico de la epopeya en la que se asiste a un combate. La *Bhagavadgītā* se sirve de este escenario para enseñar al hombre a salvarse cuando el *bhakta* obedece a *Bhagavān,* gracias a su devoción a Krishna.

Al final, la rueda del *saṃsāra* se detiene para aquellos que muestran con amor su devoción a Krishna y confían su conducta al dios. Es la salida del ciclo de los renacimientos gracias a la ayuda psicológica del *Bhagavān,* que apoya sus esfuerzos y se revela a su fiel apartando el engañoso velo de la ilusión. Es la esencia misma del hinduismo.

1. Krishna tocando la flauta.
2. Un hombre, probablemente de casta inferior porque no lleva el cordón brahmánico sobre el hombro, se prepara para el baño recitando una fórmula que dice algo así: «Om, saludo al Ganges que asume todas las formas».

1

1. Llegada de peregrinos a Allahabad (la India), para el Kumbha Melā. *Los pies y el caminar son símbolos del peregrinaje.*

Página siguiente: gran escena del baño ritual
del Kumbha Melā *del 22 de enero de 2001,*
en la confluencia del Ganges con el Jumna.

10
LA LIBERACIÓN
A TRAVÉS DE LA DEVOCIÓN
A KRISHNA

Bhagavadgita

El Señor dice:

VI, 47. Quien de entre todos los yoguis se refugie en mí y desde lo más profundo de su alma me adore lleno de fe, a este consideraré como el que ha alcanzado el vértice, la unión yóguica.

VIII, 5. Quien acordándose de mí en sus últimas horas abandone su cuerpo mortal, este alcanzará mi ser, de eso no hay ninguna duda.

VIII, 7. Acuérdate de mí en todo momento y lucha con el ánimo y el juicio puestos en mí. Porque sin duda es a mí a quien alcanzarás.

XII, 6. Para aquellos que me dedican todos sus actos, que no tienen más alegrías que yo y me adoran entregándome su pensamiento mediante la disciplina, yo soy el que los arranca del océano de la transmigración y la muerte.

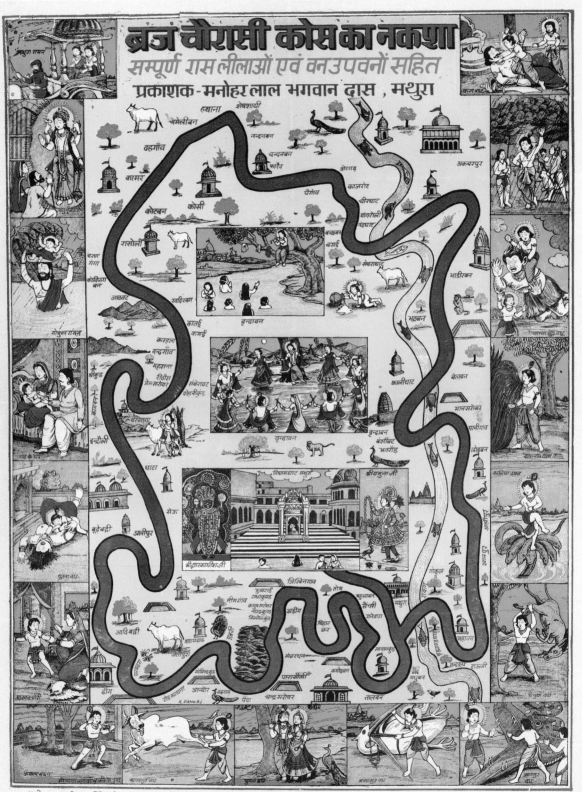

Página anterior: un cartel popular de la ciudad de Mathura, en Uttar Pradesh (la India), meta de los peregrinajes a Krishna. Representa un recorrido para peregrinos. Se da la vuelta a la ciudad pasando entre bosques y árboles. Las imágenes alrededor del trayecto muestran la vida de Krishna: la boda de sus padres, la aparición de Vishnú, cómo llevan al recién nacido a la familia de adopción, su educación, sus travesuras, sus gestas, etc.

1. *Un* swami *seguidor de Krishna mientras medita y estudia en su* āśrama *(retiro) en Gangotri, en la región de Garhwal en Uttar Pradés (la India).*

1

Los orígenes del dios Krishna hay que buscarlos en la región de Mathura. Este dios asumió un papel importante gracias a la *Bhagavadgītā*, que ha influido en el pensamiento de la India desde hace más de dos mil años. La doctrina del karma, basada en la repercusión de las acciones, la transmigración y la salvación mediante la liberación del ciclo de las existencias, ha sufrido un profundo cambio.

Los extractos citados muestran la nueva orientación de la salvación. La relación de amor del fiel con Krishna a lo largo de la vida cumple a la perfección el ideal proclamado por el yoga. Esta tendencia es la invocación permanente del *bhakta*, el 'devoto', en busca de una respuesta de Krishna, quien en el momento de la muerte del fiel pondrá fin al ciclo de sus renacimientos. Estos textos nos muestran la importancia de la unión con dios en la devoción derivada del *bhakti* y transmiten el sentido del culto personal en el encuentro con la divinidad.

GLOSARIO

Este glosario ofrece el significado de los principales términos en sánscrito utilizados en el texto. Los términos en mayúscula remiten a la voz correspondiente.

ahiṃsā 'Ausencia del deseo de matar'. Doctrina de la no violencia que inspira el respeto absoluto por todos los seres vivos. Aparece en el hinduismo en el siglo VI a. C. y lo retoman el budismo y el jainismo.

Āraṇyaka 'Del bosque'. Nombre de un grupo de *textos de los bosques* escritos por eremitas vedas, probablemente a finales del período de los BRAHMANES.

ātman Nombre del principio eterno que da vida al individuo, el 'ser en sí mismo', el 'alma individual', el sustrato del subconsciente. Existen numerosos textos hindúes que recogen las ideas brahmánicas sobre el *ātman,* principio vital, potencia central del hombre, principio inmortal y espiritual. El budismo se opone a esta doctrina.

Bhagavadgītā 'Canto del Señor'. Poema perteneciente al libro VI del *Mahābhārata.* Esta *Biblia de la India* en forma de diálogo entre el dios KRISHNA y su fiel Arjuna trata sobre todo de la devoción como camino de salvación. Sirvió de inspiración a Gandhi.

bhakti Deriva de *bhaj,* 'compartir'. Filosofía religiosa que busca acercar al creyente a la divinidad, estableciendo vínculos de amor entre ambos. Presente en la India desde principios de nuestra era, ha supuesto un gran cambio en el pensamiento y en

el culto, ha popularizado el culto de KRISHNA, ha intensificado los cultos de Vishnú y ha influido en el budismo. Su huella es también evidente en el arte hindú.

brahman El término neutro designa primero la fórmula ritual y después el saber védico, la ciencia del brahmán, el sacerdote hindú. En masculino, el *brahmán* es uno de los sacerdotes del sacrificio védico. También designa al sacerdote, maestro espiritual en la sociedad védica y, en este caso, el plural es *brahmanes,* los miembros de la casta superior de la sociedad. *Brahman* con mayúscula inicial es lo Absoluto, lo Universal, la Energía pura, que se vuelve *Brahma* al invocarlo como divinidad personal.

Brāhmaṇa 'Perteneciente a los brahmanes'. El término neutro designa un grupo de textos que forman parte de la revelación védica, textos en prosa compuestos entre los siglos VII y V a. C. sobre la celebración de los sacrificios (ceremonias, mitos y leyendas).

dharma El orden cósmico y social que mantiene el universo como es. Inmutable y fijo, este orden se rige por un conjunto de reglas y fenómenos naturales. El comportamiento de los individuos condiciona el buen funcionamiento del universo y su vida normal dentro del *dharma.* El cuidado del *dharma* corresponde principalmente a los brahmanes, ya que forma parte de lo sagrado.

gopura   Torres de planta rectangular levantadas a partir del siglo XI en el sur de la India a la entrada del complejo amurallado de los templos. Tienen varias alturas y se estrechan a medida que se elevan. Cada altura está decorada con centenares de estatuas de divinidades y santos.

karma   El fundamento del acto ritual, su valor, su acción. Fuerza invisible e invencible que penetra en el alma y le confiere un principio de renacimiento. Convertida en universal en la India, la doctrina del karma sostiene la necesidad de renacer para recoger los frutos que no han *madurado* en la vida presente.

Krishna   Un dios *negro,* octavo avatar del dios Vishnú, muy popular en toda la India. El origen de su culto se encuentra en la región de Mathura (Uttar Pradesh), ciudad descrita como sede de la sabiduría y del saber. Es el dios destructor del mal e inspirador del saber. Las escuelas del vishnuismo tardío consideran a Krishna como una encarnación plena de Ser supremo. Como dios, pronuncia el canto divino, la *BHAGAVADGITA.*

mokṣa   Liberación final del ciclo de los renacimientos gracias a la unión con el *BRAHMAN.* Es la salvación hindú.

pūjā   Oración y sacrificio hindú, público y privado. Incluye una serie de ritos que varían en función de las regiones y las épocas, pero que siempre se acompañan de cánticos.

puruṣa   'Macho', 'hombre'. Espíritu masculino, espíritu global de la Humanidad, entidad humana originaria en los Veda. Hombre cósmico que hizo que naciera el universo durante un sacrificio celebrado por los dioses.

ṛṣi   'Sabios'. Poetas y adivinos de los templos védicos que según la tradición fueron los autores de los himnos del *Ṛgveda,* 'sabiduría de los himnos', una recopilación de 1.017 himnos, el libro védico más antiguo, patrimonio de las poblaciones indoeuropeas nómadas llegadas a la India. Estos himnos y cánticos invocan y celebran a los dioses, quienes se los habrían revelado a los *ṛṣi.*

ṛta   'Orden natural de las cosas'. La vida se conserva gracias a este orden, del que es guardián Varuna, y a las fuerzas que actúan en el interior. Cada acción en su contra constituye un delito ritual que exige una expiación.

saṃsāra   Ciclo infinito de nacimientos y muertes que condiciona la vida según el karma de cada uno y el valor de las acciones realizadas. El ciclo se rige por la ley de la recompensa de las acciones, que por un lado supone el *MOKṢA* y, por otro, la transmigración.

GLOSARIO

satyāgraha 'Firmeza de la verdad'. Es el espíritu de los seguidores del *AHIṂSA,* la no violencia. Movimiento inaugurado por Gandhi para obtener la independencia de la India.

śrāddha 'Fe'. Ceremonia védica considerada a menudo como una divinidad y que da nombre a la ofrenda que se hace al *BRAHMAN.* Uno de los términos de la religión hindú.

soma Bebida utilizada en la celebración de sacrificios del período védico. Este embriagador jugo obtenido de la homónima planta fue divinizado y se creía que podía dar la inmortalidad.

swami o ***svāmī*** Título de respeto que reciben los filósofos hindúes, considerados maestros, y los religiosos.

Upaniṣad Textos de la revelación védica que muestran el camino hacia el Absoluto y la liberación de los renacimientos. Los más antiguos se remontan a los siglos V-VI. Los *Upaniṣad* anuncian la salvación mediante la unión del *ATMAN* con el *BRAHMAN,* y la liberación tiene lugar a través del conocimiento místico.

varṇa 'Clase'. Término que designa una función social, un estatus y una relación característica del Veda. La sociedad védica se divide idealmente en cuatro *varṇa:* los BRAHMANES, hombres religiosos; los *kṣatriya,* guerreros defensores de la sociedad; los *vaiśya,* agricultores, ganaderos y artesanos, que tienen la función de alimentar a la sociedad; y la cuarta casta, la de los *śūdra,* formada por los no arios y que no pueden acceder al Veda.

Veda 'Conocimiento'. Se trata de los conocimientos sobre la Revelación transmitidos por los textos sagrados más antiguos. Los hindúes se refieren al *sanātana dharma,* la 'ley eterna' e inmutable entregada a los hombres. El *Ṛgveda* es la recopilación de los himnos; el *Sāmaveda* contiene cánticos y melodías y es indispensable para el culto, y el *Yajurveda,* recopilación de textos sacrificiales, comprende el ritual de celebración. El *Atharvaveda* es un documento en el que se unen la magia y la gnosis —del griego, 'conocimiento'—: una forma de sabiduría capaz de asegurar la salvación.

yoga de *yuj,* 'unir'. Conjunto de sistemas filosóficos y de técnicas que enseñan los métodos para liberar el espíritu, retenido por el cuerpo. El yoga incluye entrenamiento físico, espiritual y moral, control de la respiración, concentración y meditación. Las diferentes técnicas tienen como finalidad la unión del espíritu humano con el Principio universal.

REFERENCIAS ICONOGRÁFICAS

El número en negrita se refiere a la página;
el que está entre paréntesis, a la ilustración

ASOCIACIÓN FRANCESA DE ACCIONES ARTÍSTICAS, París: **18** (1).
BAMS photo Rodella (Giuliano Radici): **11** (3), **37** (2); **52-53** (1); (Matteo Rodella):
32 (1), **33** (2); **38** (1), **46** (1), **51** (2), **54-55**. JEAN DELAHOUTRE, París: **39** (2).
MICHEL DELAHOUTRE, París: **43** (1). EDITORIAL JACA BOOK, Milán:
12 (1, 2), **15** (2), **26** (1, 2, 3, 4), **27** (5), **28** (1), **41** (3), **50** (1), **57**; (Giacinto Gaudenzi):
25 (3), **29**, **30-31**, **34-35**, **36** (1), **40-41** (1, 2), **48** (1); (Stefano Martinelli): **21** (2),
24 (1); (Rosanna Pressato): **14** (1); (Alberto Siliotti): **16** (1, 2, 3, 4), **17** (6), **24** (2);
(Roberto Simoni): **20** (1); (Angelo Stabin): **18** (2, 3), **19** (4), **22** (1, 2, 3), **23** (4), **44** (1),
45 (2), **49** (2); (Studio S. Boni): **16** (5). EARL KOWALL: **9**, **10** (1, 2), **13** (3, 4), **58** (1).
JEAN-LOUIS NOU, París: **4**, **6**, **47** (2).

Las ilustraciones de las pp. **3** y **43** (2) proceden del volumen: Michel Delahoutre,
Arte Indiana, Milán, Jaca Book, 1996, figuras 110 y 113.

Impreso en Italia

Selección de las imágenes
LASERPRINT, Milán